Abecé
Visual

El Abecé Visual de

BOSQUES, SELVAS, MONTAÑAS Y DESIERTOS

Abecé
Visual

© de esta edición: 2013, Santillana USA Publishing Company, Inc.
2023 NW 84th Ave, Doral FL 33122

Publicado primero por Santillana Ediciones Generales, S. L.
C/Torrelaguna, 60 - 28043 Madrid

Coordinación editorial: Área de Proyectos Especiales.
Santillana Ediciones Generales, S. L.

REDACCIÓN Y EDICIÓN
Juan Andrés Turri

ILUSTRACIÓN
Nestor Taylor

DISEÑO DE CUBIERTAS
Gabriela Martini y asociados

El abecé visual de bosques, selvas, montañas y desiertos
ISBN: 978-84-9907-015-5

Printed in USA by Nupress of Miami, Inc.
16 15 14 13   1 2 3 4 5 6 7 8 9

Índice

¿En **qué** se diferencian el **bosque** y la **selva**?

Existen dos tipos de bosques: los plantados por el hombre y los naturales. Estos últimos son los que ocupan las mayores extensiones.

La selva es un bosque, pero uno muy especial: es el bosque tropical, que crece en lugares muy cálidos y húmedos. Las selvas, como los otros bosques, son comunidades con una alta densidad de árboles; pero se diferencian de ellos porque tienen una increíble diversidad de especies arbóreas: se pueden encontrar más de 600 especies de árboles por hectárea. En los otros bosques, la diversidad es mucho menor.

La selva es el bioma más complejo que existe. Una hectárea puede contener cientos de especies vegetales y una veintena de árboles distintos.

La selva de mayor extensión en la superficie terrestre es la Amazonia, en América del Sur. Tiene una extensión de 6 000 000 km^2 (2,316,613 mi^2) repartida entre nueve países.

Hay dos tipos de selva: la primaria o «virgen», que es aquella que no ha sufrido transformaciones debido a las actividades humanas y conserva, por tanto, su vegetación original y la secundaria, que es la que se regenera en un lugar donde fue eliminada la selva primaria y presenta una menor diversidad de especies.

No solo hay árboles

En los bosques y selvas hay árboles (1), arbustos (2) y hierbas (3). Pero también podemos encontrar otro tipo de plantas, como las trepadoras (4), que tienen raíces en tierra pero necesitan un apoyo para crecer, y las epífitas (5), que crecen sobre los troncos y las ramas de los árboles.

Estratificación o pisos

Una de las principales características de los bosques y las selvas es que las especies vegetales se distribuyen en estratos o pisos.

Estrato emergente (1): está formado por la parte superior de los árboles más altos. Tiene una mayor exposición a la luz solar, a temperaturas altas, a vientos fuertes y a una humedad no demasiado elevada.

Bóveda o dosel (2): es el formado por las grandes copas de los árboles que forman un «techo» continuo. Los troncos aparecen unidos por lianas y otras trepadoras leñosas.

Estrato bajo de árboles (3): algunos son árboles jóvenes que luego alcanzarán la bóveda; otros son árboles bajos y de lento crecimiento que han alcanzado su pleno desarrollo.

Estrato de arbustos (4): contiene árboles jóvenes de la bóveda y también pequeñas plantas leñosas ya maduras. Estas plantas requieren poca luz, ya que el dosel no deja penetrar completamente los rayos solares.

Piso inferior (5): está formado por el suelo, las especies que se desarrollan sobre él y las partes de los árboles y las plantas que caen.

En los bosques las especies arbóreas suelen formar un menor número de estratos que en las selvas; además, las lianas y epífitas son escasas o nulas. Dentro de los bosques también se pueden encontrar algunos claros hasta donde llega la luz solar, lo que permite que el suelo se cubra de hierbas.

El piso puede estar formado por sectores de suelo sin vegetación –si no entra suficiente luz–, por hierbas o por hojarasca.

Suele haber numerosos troncos caídos que, además de ser el hábitat de roedores, aves o insectos, aportan nutrientes a los suelos cuando se descomponen.

¿Qué es un bioma?

Se denomina bioma a un área natural extensa con una serie de características comunes: vegetación, clima, seres vivos…

¿**Cómo** se forman las montañas?

Las montañas son grandes elevaciones naturales del terreno cuya altura hace que sobresalgan respecto al terreno circundante. Tienen su origen en procesos que duran millones de años y ocurren en el interior de la Tierra, en las capas próximas a la superficie terrestre. Entre las teorías que los geólogos utilizan para explicar cómo se forman las montañas, destaca la de las placas tectónicas.

Las **montañas de plegamiento** son el resultado de procesos que se originan por el encuentro de placas tectónicas y se reconocen, en general, porque forman cordones o encadenamientos montañosos (cordilleras y sierras).

En las zonas donde se encuentran dos placas tectónicas se produce un proceso que combina grandes presiones, el flujo del magma y la transformación de los materiales rocosos. En los bordes de los continentes el choque de las placas puede provocar el plegamiento y ascenso de los materiales. Las capas plegadas que ascendieron por la presión forman montañas.

Las **montañas de fallamiento** son empujadas desde el interior de la Tierra y forman un bloque elevado que se distingue del área circundante más baja. Suelen distinguirse por tener una ladera empinada y abrupta, que es el plano de falla.

En algunos sectores de la corteza terrestre o donde se encuentran las placas, los materiales rocosos pueden ser más rígidos. En este caso, al recibir la presión la corteza se fractura en bloques que se desplazan a lo largo de fallas. De estos bloques, los que acaban elevándose dan origen a montañas de fallamiento; y aquellos que se hunden, forman depresiones (que pueden transformarse en valles o llanuras).

Millones de años

Numerosos procesos orogénicos han formado relieves montañosos, entre los que destacan:

- El *Caledoniano*, que hace 400 millones de años formó, entre otras, las montañas de Escocia.
- El *Herciniano,* que originó relieves hace unos 270 millones de años, como los Urales y los Apalaches en América del Norte.
- El *Alpino* o *Terciario,* que hace unos 65 millones de años comenzó a formar las montañas más altas de la Tierra, las que aún se están levantando. Es el caso de los Alpes, los Andes, los Pirineos y el Himalaya, entre otros.

Los cordones montañosos más jóvenes y de mayor altura en el mundo están formados en gran parte por montañas de plegamiento.

Plano de falla

Los bloques pueden formar montañas aisladas o ser parte de cordones montañosos, cuando se produce una fractura y un ascenso por un plano de falla en un sector que se está plegando.

La teoría de las placas tectónicas

Esta teoría plantea que la superficie terrestre está formada por una serie de placas rígidas que se desplazan cambiando su ubicación; en algunos lugares las placas se separan y en otros se juntan. En este último caso se produce un «choque» que genera fuerzas muy intensas. Estas fuerzas empujan enormes masas rocosas en distintas direcciones, originando procesos orogénicos, que son los que forman las montañas. En las zonas donde se separan las placas o en las que se producen fracturas de la corteza terrestre el magma asciende, dando origen a procesos volcánicos.

1. Placa oceánica (donde se asientan los fondos marinos).
2. Astenosfera (zona donde se encuentran el magma, material rocoso parcialmente fundido).
3. Dorsal oceánica (zona de separación de placas en el fondo oceánico).
4. Zona de subducción (la placa oceánica se hunde bajo la placa continental dando origen a procesos orogénicos).
5. Ascenso del magma, que da origen a fenómenos volcánicos.
6. Placa continental (donde se asientan los continentes).
7. Zona de separación de placas en los continentes (por ejemplo, el valle del Rift, en África).

Los volcanes

Son aberturas en la corteza terrestre, comunmente en la parte superior de una montaña, por las que el material magmático del interior de la Tierra sale a la superficie a través de un conducto o chimenea. El aspecto de montaña se origina por la acumulación del material volcánico que va formando las paredes del cono volcánico hasta alcanzar una gran altura. Los volcanes se pueden formar en un tiempo menor que las montañas de plegamiento y falla. Por ejemplo, el volcán Paricutín, en México, apareció en 1943 y en la actualidad ya alcanza 2771 m (9,000 ft).

Pico o cima

Laderas o paredes inclinadas

Base o piedemonte

¿**Qué** son los desiertos de arena?

Los desiertos son zonas con una gran limitación para el desarrollo de la vida, en especial por la escasez de agua (las precipitaciones casi nunca superan los 250 mm [9.8 in] al año). El paisaje más representativo es el de los desiertos arenosos, es decir, las áreas cubiertas por grandes extensiones de arena que se encuentran en climas áridos. La arena está formada por pequeños fragmentos de rocas y se acumula en zonas bajas al ser transportada por el viento o el mar.

El Sáhara

Está situado en el norte de África y, junto con el australiano, es el desierto de arena más extenso del mundo. Ocupa casi 9 000 000 km^2 (3,474,900 mi^2) y se extiende a lo largo de diez países. En él hay extensas zonas de arena, pero el 70% está formado por grava y rocas sueltas.

Las temperaturas presentan grandes variaciones entre el día y la noche: la amplitud térmica puede alcanzar diferencias de 35 °C (95 °F). En los desiertos fríos las temperaturas son más bajas durante la noche y en el invierno. En los desiertos cálidos las temperaturas diurnas pueden superar los 50 °C (122 °F) a la sombra.

En las zonas desérticas, debido a la sequedad de la atmósfera, la radiación solar es mucho mayor a la existente en zonas con vegetación.

Las dunas pueden alcanzar los 300 m (984 ft) de altura y extenderse más de 160 km (99 mi). De algunas se dice que están *vivas* porque se desplazan lentamente por acción del viento.

Los vientos de las zonas desérticas son constantes y a menudo muy fuertes. Con frecuencia producen tormentas de arena.

Las palmeras datileras son plantas típicas de los oasis que se encuentran en los desiertos de arena.

El desierto rocoso

Algunos desiertos se extienden por zonas montañosas o de mesetas. En ciertos casos se observa la formación de profundos valles recorridos por un río. ¿Es posible que esto suceda en lugares donde llueve tan poco? En realidad se trata de valles formados en épocas pasadas, cuando el clima era más húmedo y los ríos transportaban mayor caudal y ejercían una fuerte erosión fluvial. Un ejemplo de este tipo de proceso es el Gran Cañón del Colorado (en Estados Unidos).

Las dunas

Las dunas tienen formas y contornos muy definidos que indican la dirección del viento. Las tres formas más comunes son: longitudinal, en media luna y en estrella.

En el Sáhara, al aumentar la velocidad del viento puede formarse una nube de arena que se desplaza con gran rapidez y suele ser un serio peligro para los que viajan por el desierto.

En las dunas longitudinales las aristas se disponen de forma perpendicular a la dirección del viento. Se forman en zonas donde soplan brisas de intensidad moderada que mueven y levantan las partículas más pequeñas de arena.

Las dunas en media luna son las formadas por la acción de vientos fuertes que al encontrar un obstáculo detienen parte de la arena, mientras que otras partículas forman brazos que se alargan en la dirección que sopla el viento.

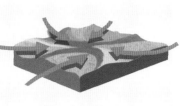

Las dunas en estrella se originan cuando el viento llega procedente de diversas direcciones a la vez. Sus formas son más complejas porque tienen varios brazos que parecen las puntas de una estrella cuando se ven desde cierta altura.

Las zonas desérticas de África y de Asia han sido habitadas tradicionalmente por pueblos nómadas, que se trasladan en caravanas para vender mercancías. Un ejemplo son los beduinos, árabes nómadas de Oriente Medio, y los tuaregs del norte de África.

El camello (con dos jorobas, en Asia central) y el dromedario (con una joroba, en África) son animales domesticados que fueron durante siglos el principal medio de transporte para atravesar los desiertos. Pueden permanecer varios días sin tomar agua y luego beber de golpe una gran cantidad. En las jorobas almacenan grasa que les sirve como reserva de alimento.

El erg (palabra árabe que significa «mar de arena» o «desierto de dunas») es el desierto típico de la zona del Sáhara. Está formado por pliegues paralelos de entre 50 y 80 m (164 y 262 ft) de altura. Las zonas con ergs pueden abarcar superficies de decenas de miles de kilómetros cuadrados.

Erosión eólica

El viento es el gran agente erosivo y de modelado de los desiertos. La arena transportada por él ejerce un efecto abrasivo sobre las rocas. Si la acción del viento se prolonga durante mucho tiempo —varios siglos—, la erosión eólica puede perforar por completo una roca y darle formas irregulares, como la de una ventana, o dotarla de formas caprichosas mediante la erosión.

¿Qué utilidad tienen los bosques?

Los bosques cumplen un papel muy importante en el desarrollo de la vida sobre la superficie terrestre. Proporcionan refugio y otros recursos a los animales y las personas. Por otra parte, ayudan a mejorar las condiciones del medio ambiente contribuyendo a purificar el aire, regular la temperatura, almacenar el agua, proteger los suelos y evitar una excesiva insolación.

Los bosques funcionan como una esponja que absorbe y retiene agua. La bóveda formada por las copas de los árboles retiene el agua de las precipitaciones o de la niebla. El agua es absorbida por las raíces de los árboles y las plantas, y circula por los troncos y el follaje. Esto permite que el flujo de agua se mantenga constante.

Captan la energía solar, el agua de las precipitaciones y otros elementos químicos y minerales del suelo y los reciclan para que circulen por los ecosistemas.

Por la variedad de la flora y fauna y porque brindan abrigo y sombra, los bosques son valorados por las personas para realizar actividades de conocimiento y disfrute de la naturaleza, para los paseos turísticos o para el desarrollo de actividades recreativas.

Hábitat y productor de recursos

El bosque es el hábitat propio de numerosos seres vivos del planeta: gran parte de las especies de árboles, plantas y otros vegetales, y de animales como aves, insectos, mamíferos, así como hongos o bacterias. De ellos puede obtenerse, además, numerosos recursos, como la madera de los árboles, las setas o los frutos silvestres.

Las copas de los árboles protegen los niveles inferiores de los rayos solares y las precipitaciones. En este sentido, el bosque funciona como un gran paraguas y permite que se genere en su interior un microclima donde la temperatura es inferior a la del exterior. La sombra, además, protege a los seres vivos de los efectos negativos de los rayos del sol. El «efecto paraguas» también impide la erosión o desgaste del suelo por el impacto directo del viento y la lluvia sobre la capa superficial.

Polinización

Los bosques son centros de polinización debido a la gran variedad de especies vegetales que allí se desarrollan.

Los agentes polinizadores son, sobre todo, los insectos (abejas, mariposas, hormigas, coleópteros) y algunas aves. También pueden ser mamíferos, especialmente los monos (en las áreas en las que habitan) y los murciélagos. La mayoría de las especies de árboles son polinizadas por el viento, especialmente las que tienen mayor altura. Pero hay otros árboles y muchas plantas que lo son por animales que se acercan para alimentarse del néctar de las flores.

Fotosíntesis y producción de oxígeno

A través de las hojas de los árboles y las plantas verdes (que poseen clorofila), además de algunas algas y bacterias, se produce la fotosíntesis, un proceso químico en el que se capta la energía solar y el dióxido de carbono (CO_2) presente en la atmósfera para producir glúcidos que proporcionan energía al árbol o a la planta; durante ese proceso el follaje de las plantas y los árboles liberan oxígeno (O_2). Los bosques cumplen una función importante en la purificación del aire que respiran los seres vivos.

Fotosíntesis: captación de CO_2 y liberación de O_2

El agua vuelve a la atmósfera por la transpiración de las hojas.

El agua y los nutrientes suben por el tronco.

Las raíces absorben el agua y los nutrientes.

Las raíces de los árboles ayudan a que el suelo mantenga su estructura. Esto es especialmente importante en las zonas con abundantes precipitaciones. Por otra parte, el agua de lluvia que penetra en el suelo es retenida por las raíces. Gracias a este proceso, el agua no escurre fácilmente hacia los ríos o arroyos. Así se evita que se produzcan crecidas de caudal o inundaciones.

¿**Cuáles** son las montañas más altas y famosas?

En todos los continentes hay montañas. La fama de algunas no siempre depende de su altura, sino de determinadas características especiales, por ejemplo la belleza de sus formas y sus paisajes. Hay montes que también tienen historia, como los Hindu Kush, que fueron atravesados por Alejandro Magno y su ejército en su camino hacia la conquista de India, o los Pirineos y los Alpes, que fueron cruzados por Aníbal para conquistar Roma.

MONTE EVEREST

Con sus 8850 m (29,000 ft) es la montaña más alta de la Tierra y se piensa que todavía no ha alcanzado su altura máxima. Debido a la tectónica de placas, crece a una velocidad de 4 mm (0.15 in) al año. Está ubicada en la cordillera del Himalaya, en la frontera que separa el Tíbet (China) y Nepal. El nombre tibetano de este monte es *Chomolungma* o *Qomolangma Feng* (que significa «diosa madre del universo»). Fue rebautizado en honor al coronel George Everest, quien promovió las mediciones topográficas en India en el siglo XIX y que, sin embargo, nunca conoció la montaña que llevaría su nombre. La primera ascensión fue realizada por el neozelandés Edmund Hillary y el nepalés Tenzing Norgay en mayo de 1953. Desde entonces, más de 2000 escaladores han alcanzado la cima.

ACONCAGUA

Esta montaña andina, también llamada «el techo de América», está situada en la provincia de Mendoza, Argentina, y su altitud es de 6959 m (21,500 ft).
Es muy frecuentada por escaladores de todo el mundo, especialmente en verano, entre diciembre y marzo.
Su origen, como el de gran parte de los Andes, se debe a la subducción de la placa oceánica de Nazca bajo la placa continental sudamericana que desencadenó la orogenia andina.

MONT BLANC

Es el pico más elevado de los Alpes, que se extienden en la frontera entre Francia e Italia. Desde los 2440 m (8,000 ft) de altitud hasta la cima, situada a 4810 m (15,780 ft) sobre el nivel del mar, sus laderas están cubiertas por una capa de hielo de más de 23 m (75 ft) de espesor. La primera ascensión de la que se tiene registro data de 1786. Las investigaciones sobre el origen de este monte permitieron avanzar en las teorías generales sobre orogénesis y plegamiento.

Mauna Loa: ¿la montaña más alta?

Si se midiera desde su base hasta la cima, la montaña más alta del mundo sería la isla de Hawai. Gran parte de la isla es el volcán Mauna Loa, que tiene su base a 5500 m (18,000 ft) bajo el nivel del mar, y desde el nivel del mar mide 4170 m (13,600 ft). En total, mide 9670 m (31,700 ft) desde la base hasta la cumbre.

¿Qué es un encadenamiento?

Se denomina encadenamiento al conjunto de montañas con características comunes. Los que se citan a continuación son los principales encadenamientos por continente:

- **Europa:** Alpes, Pirineos, Cárpatos
- **Asia:** Karakorum, Hindu Kush, Himalaya
- **África:** Atlas
- **Oceanía:** Gran Cordillera Divisoria (Australia)
- **América del Norte:** Montañas Rocosas, Apalaches
- **América del Sur:** Andes
- **Antártida:** Montañas Transantárticas

VOLCÁN POPOCATÉPETL

Su altitud es de 5452 m (18,500 ft), lo que lo convierte en la segunda cumbre más alta de América del Norte.

Se encuentra al suroeste de la ciudad de México. Tiene un aspecto imponente por su forma simétrica, sus glaciares y las frecuentes erupciones. En sus laderas, cubiertas de roca volcánica (rica en minerales), se han formado suelos fértiles que han favorecido el desarrollo de la agricultura. El volcán está en permanente actividad.

El techo del mundo

En las cordilleras del Himalaya y Karakorum se concentran 14 de las montañas más altas del mundo. A este conjunto que supera los 8000 m (26,200 ft) de altura se lo suele denominar *techo del mundo*.

Las más altas en cada continente

- **Europa:** Elbrus, Cáucaso, 5642 m (18,500 ft)
- **Asia:** Everest, Himalaya, 8850 m (29,000 ft)
- **África:** Kilimanjaro, 5895 m (19,300 ft)
- **Oceanía:** Puncak Jaya, cordillera de Nueva Guinea, 5030 m (16,500 ft)
- **América del Norte:** McKinley, Montañas Rocosas, 6194 m (20,300 ft)
- **América del Sur:** Aconcagua, Andes, 6959 m (21,500 ft)
- **Antártida:** Vinson, montes Ellsworth/Centinela, 4897 m (16,000 ft)

VOLCÁN ETNA

Se encuentra en Italia y es el volcán más elevado de Europa (mide 3550 m [11,600 ft]). Según los registros históricos está activo desde hace 2500 años. Es uno de los volcanes más grandes del mundo y está formado en gran parte por roca basáltica.

¿**Qué** es un oasis?

Los oasis son zonas del desierto en las que afloran aguas subterráneas. Pueden formarse de modo natural o por la acción humana. Los de origen natural más famosos son los del norte de África y los de la península Arábiga, donde las fuentes de agua se encuentran rodeadas de palmerales.

A veces en el desierto se forman nubes y llueve. Esa precipitación es muy fuerte y puede formar ríos temporales, llamados *uadis*, cauces secos de las regiones desérticas que llegan a tener hasta 100 m (328 ft) de ancho. Pueden encauzar agua durante breves temporadas lluviosas, de horas, días o a lo sumo semanas.

La formación de los oasis se debe principalmente al agua de los ríos permanentes que tienen sus fuentes en zonas alejadas del desierto donde llueve más, o a los acuíferos que se forman con el agua de lluvia que se infiltra por las rocas porosas hacia las capas profundas de la Tierra.

Las palmeras datileras son típicas de los oasis africanos. No necesitan riego si hay bastante agua en el suelo cerca de la superficie. Proporcionan dátiles, madera para la construcción, hojas para techar y cercar, y fibra para trenzar cuerdas.

Los oasis tienen pocos habitantes estables, salvo aquellos donde se aplican grandes obras de irrigación. En general, son visitados por los que paran a descansar y a abastecerse de agua cuando recorren el desierto.

Oasis artificiales

Algunos oasis no surgen de un manantial natural o de un río alóctono, sino por la aplicación de tecnologías; es decir, por la actividad humana. Existen zonas desérticas que se han transformado en oasis mediante el bombeo de aguas subterráneas o por la construcción de canales que derivan agua desde un río. Hay diversas técnicas de irrigación que han posibilitado transformar muchos oasis en importantes zonas productivas de cultivos, e incluso de ganado.

Formas tradicionales de extraer agua

Las *foggaras* (en el Sáhara) o los *ganats* (en Irán) son galerías subterráneas construidas por los pobladores que llevan el agua desde el pie de una zona montañosa, donde se acumula, hasta el oasis.

En las *norias*, un animal de tiro (con los ojos tapados para que no se detenga) hace girar una gran rueda que activa un mecanismo que extrae el agua subterránea. El agua es conducida por canales permanentes o temporales hasta las zonas de cultivo.

En los oasis africanos y asiáticos es frecuente encontrar formas de extraer agua que se practican desde hace siglos, por ejemplo: el *shaduf*. Este mecanismo saca el agua de los pozos o del río mediante cubos que están sujetos a un poste largo con un contrapeso en el otro extremo. Al descender el contrapeso se eleva el cubo lleno de agua y se vuelca en un canal.

¿Cómo se forman los oasis naturales?

Las rocas porosas y permeables que constituyen las superficies desérticas permiten que el agua se infiltre dando lugar a acuíferos. Esos acuíferos también se forman al pie de las montañas con los cursos de agua que bajan por las laderas. Cuando en profundidad se origina una falla (grieta) en las rocas que contienen el agua subterránea, esta asciende naturalmente hacia la superficie y forma un manantial, que da lugar, a su vez, al oasis.

Sistemas de irrigación *aflaj*

Se localizan en Omán, país del sudoeste de Asia, y su origen se remonta al año 500 d. C. En árabe, *aflaj* es el plural de *falaj* y significa «división equitativa de partes». El agua es canalizada desde fuentes subterráneas o manantiales a lo largo de varios kiómetros, y se utiliza en la agricultura o con fines domésticos. Su uso se controla desde numerosas atalayas construidas en los pueblos y ciudades que comparten el sistema. Esto permite el máximo ahorro de agua. Existen más de 3000 sistemas de riego de este tipo en Omán y en 2006 se incluyeron en la lista de lugares Patrimonio de la Humanidad de la Unesco.

¿**Por qué** las selvas tienen la mayor biodiversidad?

La selva es un bioma en el que las condiciones de temperatura y humedad favorecen la vida de una gran cantidad de plantas. Esta abundante diversidad vegetal se convierte a su vez en un hábitat ideal para una amplia variedad de animales. Además de concentrar muchas plantas y animales, las selvas tienen la mayor biodiversidad del planeta, es decir, la máxima presencia de especies distintas.

Las palmeras crecen en zonas más abiertas: por ejemplo, junto a los ríos, donde penetran más los rayos solares.

Se cree que más de la mitad de todas las especies conocidas de la Tierra se encuentran en las selvas. Esto se debe a que las zonas donde se desarrolla el bioma no han sufrido grandes cambios climáticos —como glaciaciones— durante millones de años.

Distintos nombres para una exuberante vegetación

El bioma selva recibe otras denominaciones, como por ejemplo *jungla,* en India y el sudeste de Asia. También se conoce como *pluvisilva,* que significa «selva lluviosa»; *bosque tropical*, en las zonas en las que hay una estación lluviosa y otra seca, y *bosque ecuatorial*, en las áreas donde llueve mucho durante todo el año.

En el *piso inferior* de la selva el suelo suele ser oscuro, y permanece húmedo debido a que la cubierta de hojas forma un tapiz que no deja pasar los rayos solares. Allí viven invertebrados, hongos y bacterias que descomponen la materia orgánica muerta para reciclarla como nutrientes y generar un nuevo ciclo de vida. Entre otros animales se pueden encontrar roedores, felinos y serpientes.

Las lianas y los helechos crecen en las áreas en las que se recibe más luz. Pueden tener más de 240 m (787 ft) de longitud.

En el *estrato emergente,* el más alto, se encuentran las copas de los árboles de mayor altura. Allí crecen especies como el *tualang* del sudeste asiático y la *Dinizia excelsa,* de América del Sur, que llega a los 60 m (196 ft).

Las aves de rapiña, como las águilas, son típicas del estrato más alto de la selva.

¿Bajo qué condiciones naturales se desarrollan las selvas?

Las selvas se desarrollan en zonas con clima cálido (las temperaturas, en promedio, son superiores a los 25 °C [77 °F]) y húmedo (las precipitaciones superan los 2000 mm [78 in] al año y la humedad suele estar por encima del 80%). Casi todas las selvas se encuentran entre los trópicos de Cáncer y Capricornio. Gran parte de ellas se concentra en América del Sur y en América Central. El resto se distribuye por algunas regiones del centro de África, el sur de Asia y el norte de Australia.

En el *estrato bajo* la variedad de especies arbóreas es mayor y es además el hábitat de los animales que trepan por los troncos y las ramas de los árboles. Allí se encuentran gran variedad de aves, monos, felinos, murciélagos, mariposas y serpientes, entre otros animales.

Orquídeas

Si bien se encuentran en casi cualquier hábitat, las orquídeas son una de las especies más representativas de la selva. Muchas de ellas son epifitas. Aunque existen más de 20 000 especies, todas presentan características comunes que permiten reconocerlas fácilmente. Por ejemplo, tienen tres pétalos y uno de ellos, por lo general, es más grande que los otros dos.

¿**Cómo** se explotan las rocas?

Los relieves montañosos están conformados por rocas, y estas, a su vez, por minerales. Las montañas que tienen altas concentraciones de rocas o minerales reciben el nombre de yacimientos y se explotan comercialmente dando origen a la minería.

Montañas blancas en Carrara

Uno de los yacimientos más famosos del mundo es el que se encuentra en los Alpes italianos, al norte del país, cerca de la localidad de Carrara. Allí se extrae, a cielo abierto, mármol de las laderas montañosas. Ese mármol es considerado de gran pureza y calidad para realizar esculturas. Su extracción se remonta a la época del Imperio romano, y posteriormente numerosos artistas famosos, como Miguel Ángel en el Renacimiento, realizaron sus obras con mármol de Carrara.

Para extraer las rocas desde las canteras se utilizan grandes excavadoras y volquetes, y muchas veces se recurre a explosivos para facilitar el trabajo. Esta forma suele ser más económica que la de las minas y los túneles, aunque puede provocar la desaparición de partes de la montaña.

Hay dos formas de extracción minera en una montaña: la que se realiza en las profundidades o minas y la que se lleva a cabo en canteras a cielo abierto.

En general, los trabajos mineros son arriesgados para la vida y la salud de los trabajadores, debido a los derrumbes, la exposición a productos tóxicos y las explosiones.

Canteras

Tipos de rocas

Algunas rocas están formadas por un solo mineral –como la caliza, constituida por calcita– o por varios –como el granito, compuesto por cuarzo, feldespato y mica–. Según su origen, se agrupan en rocas *ígneas*, *metamórficas* y *sedimentarias*.

Rocas metamórficas. Se originan por la transformación de otras rocas debido al efecto de las fuertes presiones causadas por las altas temperaturas. Por ejemplo, la caliza puede dar origen al mármol, y el granito, al gneis.

Rocas ígneas. Se forman por solidificación del magma. Si ese proceso se produce en una erupción volcánica, se originan rocas volcánicas, como el basalto o la piedra pómez, entre otras. Si la solidificación del magma ocurre antes de salir al exterior, se forman rocas plutónicas, como el granito.

Granito

Caliza

Mármol

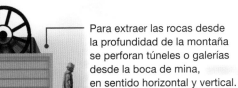

Los mismos procesos que han formado los relieves montañosos han creado yacimientos de rocas y minerales, especialmente metalíferos. Por ejemplo, en los montes Urales se ha encontrado uno de los depósitos más importantes de platino, y en las Rocosas y en los Andes hay importantes reservas de oro, plata, plomo, cinc y cobre.

Para extraer las rocas desde la profundidad de la montaña se perforan túneles o galerías desde la boca de mina, en sentido horizontal y vertical.

Minas

Los productos de la minería

Los productos mineros suelen agruparse en *metalíferos*, *no metalíferos* y *rocas de aplicación*.

Productos metalíferos. Son aquellos a partir de los cuales se obtienen metales. Los más comunes son el cobre, el hierro, el aluminio, el manganeso, el plomo y el cinc. El oro, la plata y el platino son más escasos y, por lo tanto, más costosos. Entre los menos comunes se encuentran el litio o el wolframio.

Productos no metalíferos. Son aquellos utilizados por la industria con fines diferentes de la obtención de metales. Puede tratarse de minerales, pero en ocasiones también de rocas como la arcilla o el yeso.

Rocas de aplicación. Son las que, debido a sus propiedades, se utilizan para la construcción. Las más comunes son las calizas, la arena, el granito y el mármol.

Rocas sedimentarias. Provienen de sedimentos de distintos orígenes que son arrastrados por diversos agentes, como el agua y el viento, hasta que se depositan y acumulan. Sus materiales suelen disponerse en forma de capas o estratos. Este grupo está formado por rocas como la arcilla, la arena y el yeso, entre otras.

Arcilla

Yeso

Una montaña de plata

El cerro Rico, junto a la ciudad de Potosí, Bolivia, fue en la época de la colonización española un importante centro minero debido a la extracción de plata. La mayor parte de esa riqueza minera se distribuyó por Europa. Estudios recientes han revelado que los depósitos de plata superan ampliamente lo extraído y que, por lo tanto, sigue siendo una montaña de gran valor. Debido a esta riqueza, en 1979 Potosí fue declarada Ciudad Monumento de América por la OEA, y en 1987, Patrimonio de la Humanidad por la Unesco.

¿**Qué** son los
bosques de coníferas?

El bosque de coníferas es aquel que está formado por árboles pertenecientes al grupo de las coníferas, especialmente por abetos, arces o pinos. Son árboles que resisten temperaturas extremas y mantienen sus hojas siempre verdes. Se dan tanto en zonas de clima frío (Canadá, Siberia y el norte de Europa), donde predominan las coníferas de tipo piramidal, como en áreas cálidas (sur de Europa), donde la mayoría de las coníferas son pinos.

En las latitudes altas, donde el clima es frío y húmedo y la temperatura media anual es entre 0 y 5 oC (32 y 41 °F) crece el bosque de coníferas. También se desarrolla en las laderas altas de las montañas que reciben precipitaciones y donde se registran bajas temperaturas.

Casi todos estos bosques tienen especies perennifolias, es decir, plantas que siempre están verdes porque las hojas se van cayendo una a una sin dejar nunca al árbol desnudo. Existen alrededor de 500 clases de coníferas, casi todas de hojas perennes.

La forma cónica de las coníferas que se dan en zonas frías les permite evitar que la nieve se deposite en las ramas durante el invierno.

El alerce
Es una conífera atípica, ya que no es perennifolia. Pierde sus hojas en forma de aguja durante el otoño. Se lo reconoce por su cambio de color y por sus ramas sin follaje en el invierno.

La taiga
Es la zona de bosque de coníferas que se extiende en el hemisferio norte entre la tundra y la zona templada. Cubre vastas extensiones de América del Norte, Europa y Asia. En este bioma predominan abetos, cedros y alerces.

Los bosques de coníferas en la Península Ibérica

En el nordeste de la península, especialmente en la zona pirenaica, son frecuentes los bosques de abetos. Se dan fundamentalmente en las áreas más húmedas y oscuras. Sin embargo, en zonas más cálidas del centro y sur de la península, son frecuentes los bosques de coníferas formados por especies como el pino albar, el pino carrasco, el pino resinero, el pino piñonero y la sabina albar. Estas áreas presentan temperaturas más altas y en ellas son frecuentes los períodos de sequía durante varios meses al año. Estas condiciones son fácilmente soportadas por las coníferas dado que sus hojas aciculares resisten mejor la evaporación del agua.

Se reproducen por conos, y por eso son fáciles de identificar: cuando han llegado a la madurez se pueden ver sus frutos en las ramas más altas o caídos en el suelo bajo el árbol.

Producen resina, una sustancia que segrega el tronco y que se utiliza, entre otras cosas, para fabricar ceras y pinturas.

Algunas características de las coníferas

Sus órganos reproductores son conos o piñas de diversa forma y tamaño. El polen producido por los conos masculinos es arrastrado por el viento hasta los conos femeninos. Éstos llevan los óvulos que son polinizados y transformados en semillas. Los que se ven a simple vista son los femeninos, que se vuelven leñosos.
Los masculinos aparecen en primavera, son pequeños y viven poco tiempo.

Cono femenino joven (piña)

Cono femenino maduro, vacío de semillas

Algunas tienen hojas en forma de agujas (aciculares), como los abetos, los pinos y las secuoyas. Esto les permite resistir más el frío y perder menos agua por evaporación, lo que facilita que retengan el agua cuando esta disminuye en determinadas épocas del año.

Otras tienen hojas en forma de escamas, como los enebros, las tuyas o cedros blancos y los cipreses. En los lugares donde el viento es fuerte, las hojas de este tipo son menos resistentes que las que tienen forma de aguja.

¿**Qué** pasa en el desierto durante la **noche**?

Los desiertos son quizá las zonas que más cambios presentan entre el día y la noche. Durante el día, la alta radiación solar y las temperaturas elevadas obligan a los seres vivos a protegerse de los rayos del sol. En cambio, por las noches la temperatura baja mucho porque el aire del desierto tiene poca humedad y el calor del día no se conserva.

En general, los animales esperan a que pasen las horas de claridad a la sombra de las plantas o en madrigueras donde el suelo los protege del calor diurno. Incluso los lagartos, que son los animales más resistentes, buscan resguardo.

Al anochecer, los murciélagos salen de sus escondites para atrapar insectos. También buscan el néctar en las flores, especialmente de los cactos; por eso son importantes agentes de polinización.
Gracias a esta función crecen plantas de las que se alimentan otros animales del desierto.

Flamencos en una laguna

Escenas como esta son comunes, por ejemplo, en las zonas desérticas de los altiplanos de los Andes. Al amanecer, las aves son las primeras que aparecen.
Por lo general, la fauna se concentra cerca de las fuentes de agua.

Roedores en su madriguera

Las madrigueras son pozos bajo las rocas o el suelo, o huecos en los cactos y otras plantas donde los animales se esconden del sol y de los depredadores. Además de los roedores, también viven en madrigueras muchos otros animales, como los lagartos, las arañas, los escarabajos y las hormigas.

El cielo nocturno de los desiertos brinda uno de los espectáculos más hermosos de la naturaleza. Debido a la falta de nubes y, en general, de humedad, hay una alta visibilidad y se pueden distinguir muchísimas estrellas. Más aún en las zonas desérticas alejadas de la ciudad. Por eso, los desiertos son lugares muy adecuados para instalar observatorios astronómicos, como el observatorio Nacional de Kitt Peak, en el desierto de Sonora, al sur de la ciudad de Tucson, en Estados Unidos.

En todos los tipos de desiertos se pueden encontrar rapaces nocturnas dotadas de grandes alas, fuertes garras y ojos con una excelente visión estereoscópica (campo visual cubierto por ambos ojos). Tienen hábitos nocturnos, especialmente para obtener su alimento: roedores, murciélagos y otras aves.

La mayoría de los animales del desierto se alimentan al atardecer, en las primeras horas de la noche y al amanecer, cuando los rayos del sol no calientan el suelo. Salen de sus madrigueras en busca de comida y agua.

Aunque los roedores tienen hábitos nocturnos, tienden a quedarse en sus madrigueras cuando hay Luna llena, para evitar ser vistos por sus depredadores.

¿**Qué** es el bambú?

El bambú no es un árbol sino una monocotiledónea de la familia de las gramíneas. En algunas zonas forma bosques. El bambú crece muy rápido y, al igual que otras gramíneas, muere cuando florece y da frutos. Se utiliza tanto para la alimentación como en la construcción.

La caña se divide en nudos o tabiques; entre un nudo y otro el tallo es hueco. En esos tabiques crecen las ramas divididas en ramillas que llevan las hojas, que en verano caen pero vuelven a crecer rápidamente.

A pesar de ser una gramínea, el bambú tiene muchas semejanzas con los árboles: por ejemplo, su tallo adquiere gran altura y es leñoso. Se conocen variedades cuyo tallo puede alcanzar entre 30 y 40 m (98 y 131 ft) de altura y entre 45 y 60 cm (17 y 23 in) de diámetro. Es raro que el bambú florezca o tarda mucho en hacerlo; no obstante, puede vivir más de un siglo.

Crece en Asia, África, Australia y América y se adapta tanto a climas cálidos como templados. Los principales países productores son China, India, Brasil, Colombia, Ecuador, El Salvador y Tailandia. Actualmente se conoce la existencia de 107 géneros distintos y más de 1300 especies de bambú en el mundo.

Los pandas son animales muy grandes, semejantes al oso, que habitan en zonas con bosques de bambú, entre los 1500 y los 3000 m (4,900 y 9,800 ft) de altura, en el centro de China.
Se alimentan básicamente de los tallos u hojas de esta planta. La reducción de la superficie de bosques de bambú silvestres amenaza la supervivencia de los pandas; por eso existen movimientos ecologistas que desde distintas partes del mundo trabajan para garantizar su conservación.

El tallo de los bambúes se conoce con el nombre de caña. Puede medir desde unas decenas de centímetros hasta más de 30 m (98 ft). En general, el brote suele alcanzar su altura máxima en 3 meses aproximadamente. Luego sigue la maduración, que dura entre 3 y 6 años (de acuerdo con la especie) y el tallo herbáceo se transforma en madera (proceso llamado de *lignificación*).

Cómo crecen y se reproducen

Los brotes del bambú surgen a ras de la tierra con su diámetro definitivo, y su tamaño apenas se modifica después de unas semanas de crecimiento. Una de las características más espectaculares es la rapidez con que crecen los tallos: pueden alcanzar de 8 a 15 cm (3.1 a 5.9 in) y hasta 1 m (3 ft) diarios en condiciones ambientales muy adecuadas.
El bambú se reproduce fácilmente por rizomas subterráneos que se extienden en líneas a veces muy rectas y generan, a su vez, nuevos rizomas hasta formar una gran red subterránea. En cada rizoma hay numerosas yemas que, a su debido tiempo, desarrollarán una nueva vara de bambú.

¿Para qué se usa el bambú?

Se han descubierto más de 1000 usos del bambú: en la alimentación humana y animal, en la medicina, en la construcción, en la vestimenta y en la fabricación de muebles y papel.
En muchos países se considera que puede ser un buen sustituto de la madera de los árboles, porque puede ser cultivado con gran facilidad, lo que evitaría la tala de bosques.

Los brotes se cortan cuando son muy jóvenes, liberándolos de las vainas protectoras. Algunas especies se consumen crudas y otras hay que cocinarlas.

En Asia, uno de los usos más generalizados de las cañas de bambú es como material para la construcción de casas sencillas o cabañas y para la fabricación de muebles. Resulta muy económico y es resistente a los movimientos sísmicos. La desventaja es que no es capaz de soportar huracanes.

¿Cómo se vive en las montañas?

En general, las zonas montañosas se encuentran entre las menos pobladas del planeta. Sin embargo, en el pasado se desarrollaron en ellas importantes civilizaciones, como la inca en Perú y la azteca en México. Los asentamientos de montaña se instalan en la actualidad en los valles y muchas veces las construcciones ocupan las laderas.

Las montañas pueden ayudar a que se formen reservas de agua. Esto se debe a que provocan que los vientos asciendan por las laderas, que la humedad se condense y se produzcan precipitaciones (lluvias o nieve). Una parte de esta agua queda retenida como hielo y otra desciende por las laderas formando ríos que atraviesan los valles.

En las montañas es común encontrar caminos de cornisa, que se construyen en las laderas con mucha pendiente. Resultan peligrosos para el tránsito de vehículos porque suelen ser estrechos y tienen muchas curvas. No obstante, son miradores que ofrecen una vista privilegiada.

Se suelen construir diques para formar embalses, que sirven como reserva de agua, para regular las crecidas del caudal y para generar energía hidroeléctrica.

Ciudades a gran altura sobre el nivel del mar

- Cerro Pasco, Bolivia: 4330 m (14,200 ft)
- Potosí, Bolivia: 4067 m (13,300 ft) (en la imagen)
- Puno, Perú: 3827 m (12,500 ft)
- Lhasa, Tíbet, China: 3650 m (11,900 ft)
- Katmandú, Nepal: 3500 m (11,600 ft)
- La Paz, Bolivia: 3200 m (10,400 ft)
- México D. F., México: 2800 m (9,100 ft)
- Addis Abeba, Etiopía: 2500 m (8,200 ft)

En los países con clima templado, las montañas están menos pobladas porque el clima de altura es más frío y presenta restricciones para la agricultura. La población que se instala allí desarrolla actividades vinculadas con el uso de los recursos naturales: la ganadería aprovecha los pastos de altura; la explotación forestal extrae madera de los bosques para la fabricación de muebles y papel; la minería extrae rocas y minerales de los yacimientos que encierran las montañas.

Turismo y deporte en las montañas

En la actualidad, las actividades turísticas y deportivas son las que más han influido en el poblamiento de las zonas montañosas, especialmente en las de latitudes medias. Destacan el alpinismo, los deportes de invierno que aprovechan la nieve acumulada en las cimas y las actividades náuticas que se desarrollan en los ríos y lagos artificiales de los embalses durante el verano.

Entre los riesgos de vivir en zonas montañosas se encuentran las avalanchas de nieve (facilitadas por las pendientes), los deslizamientos de tierra, los aludes de lodo o los desbordamientos de los lagos por fusión de los glaciares. Otras amenazas naturales son los terremotos y las erupciones volcánicas.

Los valles de montaña suelen ser las zonas más pobladas, ya que los habitantes encuentran a cierta altura un clima templado más agradable que al pie de la montaña, donde la temperatura es muy alta.
Esto sucede, por ejemplo, en las tierras altas de África, donde se extiende el valle del Rift, en zonas del sudeste asiático y en los Andes centrales. Las altas densidades de población en estas zonas también se deben, en gran medida, a la práctica de la agricultura en terrazas.

La trashumancia consiste en trasladar el ganado con el fin de buscar el mejor alimento según la estación. En invierno, debido a que hay mayor cantidad de zonas nevadas y los pastos crecen poco, los animales son llevados hacia el valle. En verano, el ganado se traslada hacia zonas más altas de la montaña, donde puede encontrar pastos tiernos.

¿**Cuáles** son los bosques que cambian de **color**?

En las zonas del planeta con clima templado y suficiente humedad para que crezcan árboles hay bosques que no están siempre verdes, como ocurre con los de coníferas o los de la selva tropical, ya que en un momento del año las hojas de los árboles cambian de color y luego caen. Este tipo de bosque se denomina caducifolio.

En general, debido a que son dominantes unas pocas especies de árboles, el bosque recibe el nombre del árbol que más abunda, por ejemplo: bosque de hayas o hayedo, bosque de robles o robledal, etc.

El bosque caducifolio está formado por especies de árboles de hojas anchas y caducas, entre los que destacan los robles, los arces, los castaños, los nogales, los olmos, los tilos, los abedules, los fresnos y las hayas.

Es un bioma característico del este de China, de Japón, del este de Estados Unidos y de casi toda Europa (con excepción de la península Escandinava, las laderas montañosas muy elevadas y las zonas cercanas al mar Mediterráneo).

Las zonas de bosques caducifolios se encuentran entre las más transformadas por las actividades humanas, ya que grandes extensiones han sido utilizadas para el desarrollo de la agricultura y el establecimiento de las ciudades.
En la actualidad subsisten muy pocos bosques originales y gran parte de la fauna se redujo o se adaptó a los nuevos tipos de hábitat, como los campos de cultivo y la cría de ganado.

¿Por qué las hojas cambian de color?
Las hojas tienen sustancias de varios colores, entre los que predomina el verde de la clorofila. En otoño, cuando la producción de clorofila disminuye, aparecen los demás colores.

Suelos del bosque

El suelo que se forma en un bosque caducifolio se conoce como «tierra parda». Debido a la humedad, las hojas caídas se descomponen rápidamente y forman una capa profunda de humus. En primavera, debido a que los rayos solares pueden llegar hasta el suelo, crecen de forma temporal plantas como violetas, prímulas, campánulas y muchas otras especies.

Bosques que cambian con las estaciones

Durante el año, en las latitudes medias se suceden cuatro estaciones: primavera, verano, otoño e invierno. Los árboles del bosque caducifolio se adaptan a estos cambios con una actividad biológica diferenciada en cada una de ellas.

1. En primavera comienza la producción de flores. El polen es transportado por el viento o por insectos de árbol en árbol. Vuelven a crecer las hojas.
2. En verano las flores se van transformando en frutas y semillas. El árbol adquiere su máximo follaje.
3. En otoño maduran muchas semillas, como las bellotas o las castañas. El árbol disminuye su producción de clorofila. Las hojas mueren y caen.
4. En invierno el árbol queda sin hojas, en letargo. Sobrevive mediante sus reservas alimenticias en la raíz, el tronco y las ramas.

¿Por qué caen las hojas?

En invierno la exposición a la luz solar es menor y las temperaturas son más bajas. Por ello, los árboles no reciben luz suficiente para elaborar los nutrientes necesarios para mantener sus hojas y entran en un estado de letargo que dura hasta la primavera.

¿**Qué** es la sabana?

La sabana es uno de los biomas característicos de la zona entre los trópicos que solo tienen dos estaciones (una seca y otra de lluvias) y una temperatura media en torno a los 20 °C (68 °F). La vegetación propia de la sabana está formada por hierbas (fundamentalmente gramíneas) de gran densidad y altura, y árboles dispersos entre los que dominan diversos tipos de acacias. Es un bioma propio de África, aunque también existe en Asia, Australia y algunas zonas de América del Sur.

La sabana africana, como la que muestra la imagen, es la más conocida y la de mayor extensión. Las especies arbóreas más difundidas en ella son el baobab y la acacia. También se encuentran franjas estrechas de bosques que crecen a lo largo de los ríos, denominadas *bosques de galería*. Las hierbas adquieren gran altura, como la hierba elefante, que puede llegar a medir hasta 5 m (16 ft).

El baobab (*Adansonia digitata*) puede sobrepasar los 30 m (98 ft) de altura y alcanzar un diámetro de más de 20 m (65 ft). Además, algunos ejemplares sobreviven más de 3000 años.

De acuerdo con la cantidad de precipitaciones las sabanas pueden ser *húmedas*, compuestas por bosques poco densos que forman «islas» rodeadas por hierbas, o *secas*, conformadas por árboles aislados entre sí y un estrato inferior en el que predominan las gramíneas o las hierbas.

Fauna de las sabanas africanas

Está formada por grandes herbívoros, como elefantes, jirafas, rinocerontes, cebras, gacelas y antílopes, entre otros. Algunos buscan su alimento en los árboles, y otros, en las hierbas, especialmente en la estación de lluvias. Otros animales de la sabana son felinos, como leones, leopardos y guepardos y algunas aves (como el avestruz). Durante la estación seca los herbívoros emigran hacia zonas con más recursos alimenticios y, como consecuencia de ello, se produce también una migración de los grandes felinos en la misma dirección en busca de sus presas.

Estaciones húmedas y secas

En gran parte de las zonas donde se extienden las sabanas africanas hay dos períodos anuales de precipitación: un período de lluvias que dura dos meses, y otro de lluvias cortas, de aproximadamente un mes. En la época de mayor humedad crece más vegetación y los pastos adquieren su color verde. En cambio, en la más seca la vegetación es de un color amarillo o pardo.

Los pobladores de las sabanas africanas emplean distintas partes del baobab para el consumo: las hojas se utilizan para hacer infusiones o como ingrediente de algunas comidas; los brotes se usan como alimento y las semillas tostadas reemplazan al café; con la madera de la corteza se fabrican canoas.

El león es el carnívoro más típico de la sabana africana.

El efecto de los incendios

Durante la estación seca las plantas gramíneas amarillentas de la sabana son altamente inflamables; por eso, es usual que se produzcan incendios. Mientras que el fuego elimina muchos árboles, las gramíneas logran mantener sus raíces subterráneas a salvo y pueden volver a reproducirse.

¿**Qué** riquezas
producen algunos desiertos?

Las sociedades más antiguas y desarrolladas de las que se tiene conocimiento surgieron junto a los ríos, en zonas desérticas, hace más de 3000 años. Es el caso del antiguo Egipto, que se extendió a lo largo del río Nilo, de los asirios y caldeos de la Mesopotamia asiática (entre los ríos Éufrates y Tigris) y de la sociedad del valle del río Indo. Entre sus logros se destacan las obras de ingeniería que les permitieron utilizar el agua de los ríos y las subterráneas para regar campos de cultivo y abastecer ciudades.

Durante milenios, el agua de los ríos y los acuíferos ha sido la principal riqueza natural de los desiertos y ha permitido el desarrollo de grandes civilizaciones. A partir del siglo xx, el petróleo se convirtió en otro importante recurso para la población mundial en varias áreas desérticas. Los regadíos y la extracción de petróleo son las dos actividades que producen mayores transformaciones en este bioma.

En varios desiertos del mundo, especialmente en los del Sáhara (territorios de Argelia y Libia), de Arabia (territorio de Arabia Saudí) y de otros países de Oriente Medio (Unión de Emiratos Árabes, Irak, Irán, Kuwait, Qatar), hay yacimientos de hidrocarburos (petróleo y gas), y su extracción es una de las actividades más importantes. Las mayores reservas mundiales de hidrocarburos (un 60%) se concentran en Oriente Medio, en la región que rodea al Golfo Pérsico.

El petróleo es un recurso natural no renovable porque no es posible, al menos con las tecnologías disponibles en la actualidad, reproducir los complejos procesos naturales que formaron este hidrocarburo: la descomposición de grandes volúmenes de materia orgánica. Se estima que en la actualidad se descubre la cantidad de petróleo que puede contener un barril por cada cinco que se consumen en todo el mundo.

Bomba
de extracción
de petróleo

¿Los desiertos son fuentes de energía solar?

Ante la posibilidad del agotamiento de los yacimientos de petróleo se han desarrollado estudios y proyectos que procuran analizar nuevas fuentes de energía, especialmente para generar electricidad. Dada la alta radiación solar que reciben los desiertos, sobre todo los que se encuentran entre los trópicos, tienen cada vez más relevancia y consenso los proyectos que los consideran lugares importantes para la producción de energía solar en el futuro.

La distribución del agua para riego

La aplicación de métodos de riego es fundamental para el cultivo en el desierto. Uno de ellos es el *riego por inundación,* que consiste en conducir el agua a través de canales hasta los surcos de cultivo desde las fuentes, como un río o estanque. Requiere un desnivel que permita que el agua escurra desde las fuentes a mayor altura hacia los cultivos que están en las zonas más bajas. Otros métodos más modernos son el *riego por aspersión* y el *riego por goteo.* Son tecnologías que requieren una inversión inicial mayor y un mantenimiento más cuidadoso que el del riego por inundación, ya que se utilizan maquinarias, redes de cañerías, motores para bombear el agua, etc. Pero, por otro lado, permiten realizar un uso más eficiente del agua, ya que se puede controlar mejor la cantidad que se necesita para los cultivos sin desperdiciarla. El *riego por aspersión* rocía las gotas de agua en la superficie de la tierra, simulando el efecto de la lluvia. El *riego por goteo* o *localizado* libera gotas o un chorro fino a través de los agujeros de una tubería que se coloca sobre la superficie de la tierra o debajo de ella.

Riego por inundación

Riego por goteo

Riego por aspersión

Los países que tienen grandes cuencas petroleras en sus territorios consideran el petróleo como un recurso estratégico. Actualmente, alrededor del 40% del consumo mundial de energía proviene de los hidrocarburos. Por eso, el petróleo es una de las riquezas más importantes de las zonas desérticas.

La palmera datilera es un árbol que se cultiva desde hace más de 8000 años. La producción media de su fruto, el dátil, es de unos 75 kg (165 lb) por año; a lo largo de su vida, que puede ser de unos 400 años, alcanza los 30 000 kg (66,138 lb). Los oasis de Túnez son famosos por sus plantaciones de palmeras datileras.

Cañerías para riego

Las zonas de cultivo en los desiertos han ido creciendo, al igual que el empleo del agua para riego. Uno de los principales problemas de esta expansión es el aumento del uso del agua y la disminución de algunas reservas de agua subterránea que, por su disposición en el subsuelo, tardan mucho tiempo en recargarse y, por lo tanto, pueden agotarse. Esta es la situación de los extensos depósitos de agua subterránea que se encuentran en el norte del desierto del Sáhara (Argelia, Túnez), en el desierto de Nubia (Egipto, Libia) y en el desierto de Arabia Saudí.

¿**Qué** animales
habitan en la selva?

La fauna que vive en la selva es muy abundante y variada, y todos los grupos terrestres están representados y distribuidos en varios pisos: en el nivel conocido como *estrato emergente* viven las águilas; en el de *bóveda* o *dosel* hay tucanes, colibríes, cotorras, mariposas y murciélagos, y en el *piso inferior* se pueden encontrar numerosos mamíferos, reptiles, hormigas y otros insectos.

Especies en peligro de extinción

Muchas aves, primates, felinos y reptiles son perseguidos para obtener sus plumas, sus pieles o su carne. Además de la caza sin control, las poblaciones también han disminuido debido a la destrucción de su hábitat como consecuencia de las actividades humanas. En algunos lugares la situación es tan crítica que en poco tiempo puede producirse la desaparición de determinadas especies. Por ejemplo, en la actualidad solo existen cerca de 7000 tigres en las selvas de Asia de los 100 000 que había hace un siglo.

Se estima que existen unos 10 millones de especies de insectos, y gran parte de ellas viven en las selvas. Allí se pueden encontrar mariposas, hormigas, escarabajos, termitas, gorgojos, moscas, abejas, saltamontes, cucarachas y grillos. En un solo árbol pueden habitar cientos de especies.

Los cocodrilos y caimanes se distribuyen en las selvas de África, Asia y América. El cocodrilo africano llega a medir 6 m (19 ft) de largo. El caimán vive en los ríos de las selvas de América y alcanza unos 3 m (9 ft) de longitud.

Entre los felinos carnívoros se encuentran: el tigre, que vive en las selvas asiáticas, es muy feroz y de gran tamaño; el leopardo, que se distribuye por África y sur de Asia y se distingue por su pelaje amarillento con numerosas manchas oscuras; y el jaguar, el felino más grande de las selvas americanas.

Los primates son típicos habitantes de las selvas. Forman parte de este grupo el chimpancé, el gorila y el orangután, entre otros. Los chimpancés y los gorilas viven en el África; los orangutanes, en el sudeste asiático, y distintas especies de monos, en América. Los gorilas son los que alcanzan mayores dimensiones: en algunos casos llegan a los 2 m (6 ft) de altura.

Diferencias y similitudes entre continentes

Las selvas de los distintos continentes no tienen exactamente la misma flora y fauna. Algunos animales son exclusivos de una región, como el tigre de Bengala (en la imagen) que solo se encuentra en Asia, o el gorila de las selvas de África. No obstante, hay animales como los tucanes comedores de frutas y bayas, de América del Sur, y los cálaos, de África y del sudeste de Asia, que se parecen tanto en su aspecto físico como en sus hábitos.

En las selvas viven numerosas aves. Sus alas son cortas, lo que les permite volar entre una espesa vegetación. Muchas especies se han adaptado también a trepar por los árboles, como los loros, los tucanes y los pájaros carpinteros. Son numerosas las aves que presentan un plumaje vistoso, como los tucanes, los quetzales y los loros. Estos animales son grandes, y su fuerza los protege contra muchos depredadores.

En las selvas se encuentran grandes y pequeñas arañas. La más grande pertenece al grupo de las tarántulas y se encuentra en las selvas de América del Sur. Su cuerpo mide unos 9 cm (3.5 in), y sus patas, 25 cm (9.8 in). Vive bajo las piedras o cortezas caídas y tiene hábitos nocturnos: sale a cazar de noche. Su gran tamaño le permite atacar pequeños reptiles, pájaros e insectos.

Los ofidios o serpientes son reptiles carnívoros. Algunos resultan peligrosos por el veneno que inyectan al morder. Entre las serpientes más venenosas están las *mambas*, que se distribuyen en el este de África, en el sur de Kenia, Zimbabwe y República Democrática del Congo. Otras, como las anacondas que habitan en América del Sur, pueden alcanzar más de 12 m (39 ft) de largo y matan a sus presas asfixiándolas con la presión que ejercen cuando se enroscan sobre su cuerpo.

¿**Cómo** varía la altura de una montaña?

L as montañas tienen diferentes edades. Dependiendo de cuándo se hayan formado, pueden ser más jóvenes o más viejas. La edad muchas veces se ve reflejada en su altura y en su forma. En general, las que son escarpadas y en forma de cresta tienen menos años que las de cimas desgastadas y redondeadas. Aunque la altura de las montañas cambia con el tiempo, esta variación es un proceso lento y casi imperceptible para los humanos.

Un desgaste desigual
Las montañas están formadas por diferentes rocas, con distintas propiedades y con mayor o menor resistencia al desgaste. En algunas, este proceso resulta muy rápido, pues sus componentes son muy susceptibles al ataque químico. Esto ocurre con la caliza y la arenisca. En cambio, las rocas como los granitos o los basaltos son más resistentes a la erosión. De esta manera, las capas blandas de roca son las que desaparecen primero, dejando al descubierto las masas rocosas duras.

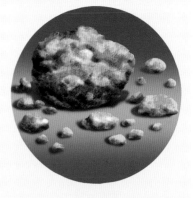

Las montañas se desgastan continuamente por efecto de la meteorización (desintegración mecánica o química) y la erosión de distintos agentes (lluvias, ríos, hielos, viento). Se estima que algunas montañas de los Alpes se han desgastado unos 15 000 metros (49,000 ft) desde su formación hace millones de años.

Los procesos orogénicos provocan el ascenso de las montañas. Los que se iniciaron en la era cenozoica (hace 65 millones de años) continúan elevando las montañas terciarias, como las de los Alpes, las de la cordillera del Himalaya y las de los Andes (se calcula que ascienden 1 cm [0.39 in] por año).

En las cordilleras jóvenes como las de los Alpes, los Andes, los Cárpatos y las Rocosas, las montañas o los cerros presentan laderas abruptas, recortadas, porque aún no han sido sometidas lo suficiente al desgaste. En las viejas cordilleras, originadas hace más de 250 millones de años, las montañas suelen tener menor altura y formas más suaves y redondeadas, debido al prolongado desgaste. Esto ocurre en los montes Urales, en Rusia.

La altura sobre el nivel del mar
La altura de las montañas tiene como base de medición el nivel del mar, al que se le adjudica el valor 0.

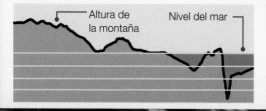

Altura de la montaña

Nivel del mar

Envejecimiento y rejuvenecimiento

Este sencillo esquema muestra lo que puede ocurrir en la vida de una montaña a lo largo de millones de años.

1. Ascenso del material rocoso en el proceso orogénico: se forma la montaña por plegamiento o por fractura.

2. Comienzan a actuar la meteorización y los agentes erosivos, que desgastan las rocas de la montaña.

3. Debido a la erosión, la altura de la montaña cada vez es menor y ha dejado de tener laderas empinadas. El proceso de desgaste puede hacer que la montaña se transforme en un relieve llano.

4. Un nuevo proceso orogénico produce el ascenso de la masa rocosa y vuelve a formarse una montaña, que puede ser más alta que la original. Pero luego, en otro ciclo, pasará una vez más por el proceso de erosión y envejecimiento.

El viento también interviene en el desgaste de las montañas al llevarse las partículas de roca que otras fuerzas han ido desprendiendo. En las zonas áridas la erosión eólica talla formas muy curiosas en los relieves. El transporte del material rocoso y su depósito en depresiones generó, al cabo de millones de años, zonas de llanura. Esto es lo que sucedió en América del Sur: las partículas rocosas, producto del desgaste de los Andes, originaron en gran medida la llanura de la Pampa.

Las gotas de lluvia, al chocar con la superficie de la montaña, aflojan y arrastran las partículas de roca. Los ríos y arroyos cargados de partículas carcomen y arrastran los sedimentos al pasar por las paredes montañosas. Los glaciares se desplazan pendiente abajo erosionando las rocas y arrastrando sedimentos. Los valles glaciarios en forma de «U» se han formado por el desgaste de los glaciares.

¿**Qué** productos
se obtienen de los bosques?

Los bosques son una importante fuente de recursos. En ellos se desarrolla una gran variedad de especies vegetales y animales y se pueden extraer productos forestales, madereros y no madereros, indispensables para las personas. Si bien un tercio de los bosques del mundo se explotan para obtener madera, también son productores de alimentos, de exudados, y de plantas medicinales y aromáticas.

La madera es el principal recurso forestal que se obtiene de los troncos de los árboles. El 60% de las extracciones de madera de los bosques se destina a la industria del papel y de la construcción. El 40% restante se utiliza para la producción de leña.

Los bosques de zonas cálidas y templadas son los que producen mayor volumen de madera. Más del 80% de la que se consume proviene de bosques nativos, y entre el 15 y el 18% se extrae de bosques plantados por el ser humano.

De acuerdo con sus propiedades, las maderas se dividen en: maderas duras (que proceden de árboles de crecimiento lento y son más resistentes) y maderas blandas (que provienen de las coníferas y tienen menor vida útil que las duras).

A partir del siglo XVI, la producción industrial de papel a base de fibra vegetal creció a ritmo acelerado gracias a los avances tecnológicos y a la expansión del uso del papel en diversas actividades. También aumentó el problema de la deforestación y la contaminación del agua y la atmósfera, ya que la industria papelera arroja sustancias contaminantes al medio ambiente.

Reciclar papel
El papel reciclado se obtiene utilizando desecho de papel como materia prima. Se tritura el papel usado, se añade agua, se aplican sistemas de depuración y blanqueado, se escurre y se seca. La producción de papel reciclado puede ser una opción para usar menor cantidad de recursos forestales.

Los productos *no madereros* pueden ser frutos, flores, hojas y raíces. Algunos son alimenticios, como las frutas (bayas, coco, cacao), las setas, los aceites y las especias (clavo, vainilla, pimienta, etc.).

Algunos productos no madereros se utilizan en medicina (eucalipto) o para producir perfumes, aceites esenciales y repelentes, como, por ejemplo, el cardamomo.

Del árbol se pueden obtener algunos productos no madereros que se utilizan como ornamentales: flores, ramas vivas o secas (por ejemplo, las ramas de cerezo en flor), o como materiales de construcción en algunos lugares (por ejemplo, la hoja de palma).

¿Qué son los exudados?

Bajo esta denominación se incluyen sustancias como la goma, la resina, el látex, la laca y el tanino. El tanino se utiliza, entre otras cosas, para ablandar los cueros. El látex o caucho es un líquido que se drena del tronco mediante un corte. Se procesa para hacer numerosos productos: neumáticos, globos, juguetes, cintas y vendajes adhesivos, etc. La goma, disuelta en agua, suele emplearse como adhesivo; con la laca se elabora un barniz muy empleado en objetos de decoración. En cuanto a las resinas, tienen numerosas aplicaciones comunes (medicinales, como ingrediente para elaborar pinturas, etc.).

Tendencias en la extracción de madera

Según el continente en que se desarrolle, la extracción de madera varía en cantidad y destino. Mientras en África y Oceanía creció la extracción, en los demás continentes disminuyó. Por otra parte, en Europa y en América del Norte la mayor parte se utiliza con fines industriales; sin embargo, en África los productos maderables se usan para leña (combustible).

¿**Cómo** son las plantas xerófilas?

Variedad de especies
La flora del desierto puede variar de una zona a otra. Por ejemplo, en los desiertos del sudoeste de Estados Unidos y el norte de México hay cactos gigantes y arbustos; en el Sáhara predominan las hierbas duras y los tamariscos y son características las especies que crecen únicamente en los oasis, como las palmeras datileras.

Algunos desiertos están formados por plantas xerófilas, adaptadas a la escasez de agua. Existen numerosas especies vegetales capaces de vivir en zonas áridas gracias a que pueden almacenar agua y protegerse del calor. Entre las especies características se encuentran pequeñas plantas de hojas duras, arbustos espinosos y cactos.

Adaptaciones

Las plantas del desierto deben adaptarse para vivir en este bioma. Algunas tienen raíces que se extienden en profundidad en busca del agua subterránea; otras disponen de tallos gruesos que les permiten almacenar agua; otras poseen hojas especiales que evitan la pérdida de agua; muchas presentan espinas que reducen la pérdida de agua casi por completo, y algunos arbustos han desarrollado hojas plateadas que reflejan la radiación solar.

En general, las plantas del desierto crecen separadas unas de otras, con sectores de suelo desnudo entre ellas. Este espaciamiento es un reflejo del clima árido: las plantas compiten por el agua escasa. Algunas, como el ocotillo de México o la jarilla de Argentina, tienen raíces que segregan una sustancia que mata a las plantas próximas más tiernas para que no compitan con ellas por el agua.

En algunos países, la comercialización de los cactos ha sido tan intensa que debió prohibirse su venta para evitar la extinción de algunas especies. Unos 100 cactos están catalogados como especies amenazadas.

La mayoría de las plantas del desierto son *suculentas*, es decir, acumulan agua en sus hojas, tallos y raíces.

La chumbera o cacto nopal crece como arbusto, y tiene forma aplanada y redondeada. Se utiliza con fines comestibles, especialmente su fruto, el higo chumbo o tuna. También es una materia prima para la producción de medicamentos.

¿Hay árboles en el desierto?

En el desierto también hay árboles, como la acacia, el palo fierro, el palo verde, la palmera datilera, el árbol Joshua, el argán o el mezquite, adaptados a la sequedad ambiental.

El árbol Joshua crece solo en América del Norte, en el llamado desierto de Mojave. Puede vivir hasta 200 años. Su crecimiento es lento y en primavera se cubre de flores de color blanco-amarillento.

El argán crece en el Atlas marroquí. Es un árbol silvestre de cuyo fruto se extrae un aceite muy valorado en la elaboración de productos cosméticos.

El palo fierro y el mezquite crecen cerca de corrientes de agua, como los arroyos cortos de las zonas áridas. Sus raíces son muy profundas y con ellas pueden tomar agua subterránea.

Los cactos son las plantas más representativas de los desiertos. Se conocen unas 1500 especies. Crecen principalmente en las regiones desérticas del sur de los Estados Unidos, América Central y América del Sur. Pertenecen al grupo de las suculentas de vida perenne y no tienen hojas, sino espinas y pelos.

Algunas especies de cactos tienen grandes dimensiones, altos tallos y forma de farol o candelabro. Son los cactos sahuaro o saguaro y los cardones. Pueden superar los 10 m (32 ft) de altura y vivir 200 años. Son capaces de almacenar cientos de litros de agua en su tejido.

Las flores de los cactos son grandes y llamativas y se polinizan por la actividad de colibríes, murciélagos y abejorros. Pueden ser de distintos colores: blancas, rosadas, rojas, fucsias, amarillas o naranjas. La mayoría de ellas crecen solas, pero también las hay que lo hacen en racimos.

En su tallo, de color verde, los cactos almacenan agua y en la parte externa del mismo tiene lugar la fotosíntesis. Muchas cactáceas almacenan el agua en forma de savia gomosa. Si la planta recibe una herida, esta savia se seca formando una especie de costra impermeable que reduce la pérdida de agua. La epidermis de un cacto es una capa resistente y encerada, que la protege aún más de la sequedad.

El cacto erizo o biznaguilla tiene forma globosa y grandes espinas. Sus frutos tienen un sabor parecido al de la fresa.

¿**Qué** son los pisos de montaña?

En una misma montaña se pueden encontrar selvas en su base y pastos duros en la cima. E incluso a la misma altura puede haber una ladera con bosques y otra con roca desnuda. Esta diversidad, conocida como pisos ecológicos, se debe principalmente a los cambios de temperatura y a la distribución desigual de las precipitaciones en las laderas.

Vivir en la montaña

Las culturas andinas solían tener asentamientos en distintos pisos de una montaña. En general, instalaban el asentamiento principal en el piso templado y tenían otros más pequeños en los otros pisos, a los que se dirigían por temporadas para obtener productos complementarios. Aún hoy existen aldeas en Perú cuyos pobladores poseen terrenos tanto en las tierras medias como en las altas y bajas.

Los tres pisos básicos

Las montañas con mayor diversidad de pisos son las que tienen gran altitud y están ubicadas entre los trópicos. Allí se encuentran tres pisos básicos: *tierras bajas cálidas*, *tierras medias templadas* y *tierras altas frías*. En la imagen se representa este tipo de escalonamiento.

Las poblaciones instaladas en las montañas aprovechan los distintos pisos para obtener diversos productos. La agricultura y la actividad forestal son las que mayores transformaciones producen en las laderas de las montañas, ya que cambian en gran medida las condiciones naturales.

Las tierras bajas cálidas se dan hasta los 1500 m (4,900 ft). Es el piso del clima cálido y húmedo y de las selvas. Se practica el desmonte en el pie de la montaña y en las laderas para realizar cultivos tropicales. Por ejemplo, en Ecuador, Colombia y América Central se cultiva banano, caña de azúcar y cacao, entre otros.

La actividad forestal, mediante la tala, elimina la superficie de selvas o bosques. La agricultura suele realizarse en andenes o terrazas, que son construcciones que transforman las pendientes.

La cima es el piso de los glaciares: se llama también piso de las *nieves perpetuas* (es la masa helada que no se funde y permanece a lo largo de todo el año). La altura donde comienza la zona de glaciares varía según la latitud en que esté ubicada el área montañosa. Por ejemplo, en latitudes altas el límite de las nieves perpetuas está muy bajo, como en Islandia, que se encuentra a partir de los 500 o los 600 m (1,640 o 1,968 ft). En las latitudes medias o templadas aparecen, aproximadamente, a partir de los 2500 o 3000 m (8,200 o 9,800 ft), y en las latitudes bajas, entre los trópicos, a partir de los 4500 o los 5000 m (14,700 o 16,400 ft).

Las tierras altas frías se dan en alturas de 3000 a 4500 m (9,800 a 14,700 ft): es el piso de los bosques de coníferas donde llueve más, y el de los páramos o punas donde llueve poco. Las temperaturas bajas permiten el cultivo del trigo y otros cereales como la cebada, y de tubérculos como la patata. Donde crecen pastos se crían animales adaptados al frío, como las ovejas o las cabras.

Las tierras medias templadas se dan entre los 1500 y los 3500 m (4,900 y 11,400 ft): en las laderas con abundantes precipitaciones se desarrolla el bosque, que en parte es explotado y en parte es talado para cultivar. En este piso ecológico destacan el cultivo del maíz y las plantaciones de café, como ocurre en la zona montañosa de Brasil, Colombia o Etiopía. En las laderas con menores precipitaciones crece el bioma de sabana, cuyos pastos son aprovechados para la cría de ganado vacuno.

Una cuestión de altitud y latitud

La temperatura disminuye rápidamente a medida que se gana altitud: se estima que baja entre 0,5 y 0,6 °C (32 y 33 °F) cada 100 m (328 ft). Las precipitaciones se distribuyen de distinta manera en una misma cadena montañosa porque unas laderas están más expuestas a los vientos húmedos que otras. Las diferencias de temperatura y precipitaciones influyen en gran medida en el desarrollo de la vegetación y producen variaciones de biomas según la altura y entre una ladera y otra.

Altura	Latitudes medias, zona templada	Latitudes bajas, zona intertropical
Más de 5000 m (16,400 ft)	Glaciares	Glaciares
Entre 4000 y 5000 m (13,100 y 16,400 ft)	Glaciares	Praderas de altura
Entre 3000 y 4000 m (9,800 y 13,100 ft)	Roca desnuda	Pastos y cultivos
Entre 2000 y 3000 m (6,500 y 9,800 ft)	Praderas o pastos de altura	Bosques de caducifolios y de coníferas
Entre 1000 y 2000 m (3,200 y 6,500 ft)	Bosques de coníferas	Selva
0 a 1000 m (0 a 3,200 ft)	Pastos, cultivos y bosques caducifolios	Selva

¿**Qué** es un bosque
implantado?

Una parte de los bosques del mundo está formada por bosques implantados, es decir, hechos por la mano del hombre. Aunque esta práctica, que también se denomina *forestación*, aún no es muy frecuente, se encuentra en desarrollo, ya que se la considera de gran importancia para evitar la continua reducción de los bosques naturales.

Muchas veces los bosques implantados se pueden reconocer porque, en general, se componen de una sola especie de árbol y los ejemplares están dispuestos de forma regular debido a que han sido plantados en hileras.

Los bosques implantados tienen distintos usos. Pueden ser zonas de recreo en las afueras de las ciudades, barreras de protección de zonas agrícolas o zonas lacustres; también se utilizan para fijar áreas de médanos o para evitar procesos de erosión de suelos.

Las zonas forestadas que más se están expandiendo son las que tienen como objetivo la extracción de madera para la industria maderera y del papel, y también para la obtención de leña.

Una adecuada selección de especies

En el proceso de creación de un bosque, el primer paso es la selección de las especies que se van a plantar. Esta selección se realiza de acuerdo con el uso que se le dará al bosque y la adaptación que las especies pueden tener respecto al clima y a los suelos donde se produce la forestación. Se realizan mejoramientos genéticos en laboratorio para obtener semillas que se adapten mejor a diversas condiciones climáticas y que produzcan árboles con maderas de mejor calidad.

Los viveros

Las semillas seleccionadas son adquiridas por los viveros forestales, que son establecimientos que reúnen ciertos requisitos para producir los retoños de árboles: deben contar con suelos fértiles, abundante agua y brindar protección a las plantas frente a las inclemencias del tiempo (lluvias excesivas, granizo, tormentas, etc.). Cuando las plantas adquieren cierto desarrollo, son trasladadas a los lugares definitivos donde se establecerán los bosques mediante el uso de la técnica de plantación.

Entre las especies más utilizadas para la forestación se encuentran las de más rápido crecimiento, como los pinos, los eucaliptos y las salicáceas (sauces y álamos).

La cosecha

La cosecha forestal consiste en la tala de árboles adultos mediante técnicas de corte adecuadas para que la madera se encuentre en las condiciones requeridas por los establecimientos industriales.

Etapas de la forestación

La plantación

Los árboles producidos en el vivero son plantados en el lugar donde se formará el bosque. Suele hacerse en invierno porque las plantas se encuentran en letargo (reducción de actividad estacional) y el suelo presenta una gran humedad.

La poda

Consiste en cortar las ramas inferiores de los árboles con el fin de producir madera libre de nudos y obtener así un producto de mejor calidad. Es recomendable realizar la poda cuando los árboles alcanzan no más de 3 m (9 ft) de altura y no eliminar muchas hojas del árbol para que no afecte a su crecimiento, ya que a través de ellas se realiza la fotosíntesis.

El raleo

Es la práctica de reducir el número de árboles en un área determinada para favorecer el crecimiento de los mejores. Esta operación permite que el resto de los árboles tenga más espacio para desarrollarse.

El acopio

Una vez que los árboles son cosechados, los troncos se acumulan en un área de acopio hasta ser cargados en los camiones que los trasladarán a los establecimientos que los utilizan como materia prima.

¿**Cómo** es la tundra?

La tundra es un bioma que cambia mucho de una estación a otra. En invierno es un desierto helado que se cubre de nieve, pero en verano las zonas en las que se funde el hielo son pobladas por algunas especies vegetales y numerosos animales. Las áreas de tundra más extensas se encuentran en las altas latitudes del hemisferio norte, entre las regiones de bosques de coníferas y las polares, siempre cubiertas de hielo y nieve.

La temperatura media de la tundra es inferior a los –10 °C (14 °F) y las precipitaciones son escasas: rondan los 300 mm (11 in) al año. La vida se tiene que adaptar a las bajas temperaturas, la escasez de agua disponible en el invierno (está congelada) y la baja radiación solar.

El verano es corto, dura dos meses. Pero en los escasos y largos días con sol se desarrolla una vegetación apta para atraer a gran número de animales que llegan en busca de alimento. La vegetación forma un delgado manto vegetal compuesto por musgos, líquenes, pastos, juncos, arbustos y árboles enanos.

En la tundra se encuentran zonas de turbales. La turba es un material orgánico de color pardo oscuro que se forma debido a la descomposición y carbonización de restos vegetales en las zonas pantanosas. Es utilizado como abono y en la elaboración de productos de perfumería.

El invierno dura aproximadamente 9 meses. En esta época una capa de hielo cubre gran parte de los territorios e incluso se congelan los lagos y ríos.

La fauna

En verano la tundra es visitada por un gran número de aves migratorias provenientes de distintas partes del mundo, que se alimentan principalmente de los insectos que proliferan en los pantanos. Entre ellas destacan las grullas y los cisnes. Otros animales característicos son el reno, el oso polar, el lobo, el zorro ártico, la liebre ártica y el lemming.

El reno (imagen de la izquierda) es domesticado por pueblos nómadas, como los lapones del norte de Finlandia. En América del Norte se lo llama caribú y se encuentra en estado salvaje.

El oso polar (imagen de la derecha), al igual que la perdiz nival, es de color blanco para poder camuflarse entre la nieve y esconderse de sus depredadores.

En este bioma vive muy poca población. Tradicionalmente ha sido habitado por pueblos cazadores nómadas como los *lapones,* al norte de la península Escandinava, y los *inuit,* en la zona septentrional de América del Norte.

Durante el verano, el agua que proviene de la fusión de las nieves y hielos superficiales permanece en superficie porque el *permafrost* no deja que se infiltre.

Los suelos de la tundra también cambian con las estaciones. Durante el invierno se cubren de una espesa capa de hielo. En el verano, el sector superficial de esa capa se funde, pero el resto del suelo permanece helado en profundidad. A esta capa de suelo permanentemente helado se la llama *permafrost*.

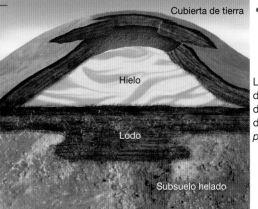

Cubierta de tierra

Hielo

Lodo

Subsuelo helado

Los pingos son montículos de tierra en forma de cono, de hasta 100 m (328 ft) de diámetro, levantados por el *permafrost*.

¿**Cómo** es la zona de transición entre el bosque y la pradera?

E n las zonas templadas, los bosques suelen estar rodeados de pastizales o praderas. En las orillas del bosque o del pastizal, donde ambos biomas se encuentran, se forma una zona de transición llena de vida. Allí hay animales que se adaptan a los dos biomas y aprovechan el abrigo, los alimentos y otros recursos que estos ofrecen.

Competencia entre bosque y pradera

Hay zonas templadas y húmedas donde tanto los bosques como las praderas pueden desarrollarse naturalmente. Por eso, son biomas en competencia: avanza uno sobre el otro de acuerdo con las posibilidades que cada uno tenga para adaptarse a las condiciones ambientales del lugar.

Cantidad de precipitaciones	Los incendios	El viento
Si las precipitaciones disminuyen, avanzan las hierbas; por el contrario, si aumentan, se desarrolla mejor el bosque.	Los incendios destruyen los árboles jóvenes; en cambio, las hierbas en crecimiento resisten mejor e incluso avanzan después de un incendio.	Las hierbas son más resistentes en zonas ventosas. Las ramas de los árboles resisten menos el viento. Además, las hojas pierden con más facilidad su humedad.

En la orilla del bosque las plantas requieren menos sol que las que se desarrollan en la pradera, pero más que las del bosque. También necesitan menos agua que las plantas del bosque pero más que las de la pradera.

En las zonas templadas, donde las precipitaciones son insuficientes para el desarrollo de los árboles, en lugar de bosques crecen extensos mantos de plantas gramíneas o pastos. Son las praderas o pastizales que se extienden en zonas llanas o con poca pendiente. Al igual que el bosque caducifolio, las praderas han sido en gran parte reemplazadas por campos de cultivo o para el pastoreo de ganado.

Las culebras, las lechuzas, las ardillas y los topos salen desde la profundidad del bosque hacia la pradera en busca de alimento y de una zona más soleada.

Aves de las praderas

Muchas aves de las praderas anidan en el suelo o en la vegetación baja. El plumaje moteado de estos pájaros les sirve de camuflaje y los protege de sus enemigos. La perdiz, que ha ido perdiendo su hábitat en las praderas con la expansión de cultivos y ganados, encuentra muchas veces un refugio en el borde del bosque.

Aves de los bosques

En los bosques viven los pájaros que comen frutos de los árboles, como el carpintero, el verdín, la piranga escarlata (en América), la lechuza y el piquituerto que extrae las semillas de las piñas.

Piranga escarlata

Verdín

El coyote

El coyote es un animal de América del Norte que ha sobrevivido ampliando su territorio y adaptándose para vivir tanto en las praderas como en los bosques. Por lo tanto, su alimentación es variada: consume roedores, aves, carroña y algunos productos vegetales. En Estados Unidos se ha establecido, incluso, en zonas boscosas cercanas a los centros urbanos con el fin de obtener alimento en los cubos de basura.

Pájaro carpintero

Los animales de la pradera, entre los que se encuentran numerosas aves, como el gavilán, se acercan al bosque en busca de alimento, sombra y escondite.

51

¿**Cómo** se cultiva arroz en las montañas?

En algunas partes del mundo las zonas montañosas son importantes áreas de cultivo. Esto se debe en gran medida a la práctica de construir andenes o terrazas que permiten «crear» suelos fértiles en las laderas de las montañas. El cultivo de arroz de montaña representa aproximadamente el 13% de la superficie cosechada en el mundo y el 4% de la producción mundial de arroz. El sudeste asiático es una de las zonas productoras más importantes.

Paisajes semejantes al de esta ilustración se pueden ver, por ejemplo, en el sur de China, Tailandia, Vietnam, Myanmar, Laos, Indonesia o Filipinas. Los vientos monzones que soplan en el sudeste asiático influyen en las actividades agrícolas, especialmente en el cultivo del arroz, que requiere mucha agua para crecer. Antes de que lleguen los monzones cargados de humedad desde el océano (en el verano), se prepara la tierra en cada andén donde se va a cultivar.

Los andenes o terrazas de cultivo son construcciones humanas realizadas en las laderas de las montañas mediante las cuales se acumula tierra apta para cultivar en un plano horizontal.

Para construir andenes o terrazas se requiere del trabajo de mucha gente. Hay que acarrear grandes cantidades de tierra, cavar zanjas y construir muros de contención. Además, hay que subir y bajar por las laderas, a más de 1000 o 3000 m (3,200 o 9,800 ft) de altura, y se realizan permanentes obras de restauración para no perder el agua acumulada o para que no se deslice la tierra de cultivo.

Terrazas o andenes de los Andes

Se encuentran en la zona andina, desde el centro de Perú hasta la orilla boliviana del lago Titicaca. En el siglo XV los incas mejoraron los materiales de relleno para la formación de los suelos y los muros de piedra que los contenían. Destacan los andenes del valle de Colca, construidos por los collaguas a partir del siglo XI; los de las islas del lago Titicaca, construidos por los aymaras, y los del Valle Sagrado de los Incas en el área de Cuzco, realizados por los incas. Una parte importante de las terrazas y andenes prehispánicos de los Andes son usados actualmente para cultivar patata, maíz, habas, judías o chumberas.

Vista de frente de un andén. Algunos andenes tienen escalinatas en los muros.

Tierra acumulada a la que se agregan abonos para que se desarrolle un suelo fértil.

Muro de contención

Mediante los andenes o terrazas se puede aprovechar el agua de lluvia para abastecer muchas hectáreas cultivadas. El agua que cae en las cimas es conducida mediante canales, pendiente abajo, hacia los distintos andenes. La red de irrigación permite retenerla y mantenerla como reserva cuando hay sequía o evacuarla en forma moderada por los canales cuando hay exceso de lluvias.

Además de aumentar la superficie con suelos fértiles para cultivo, la construcción de andenes es muy útil para prevenir la erosión por los deslizamientos de tierras y para controlar las inundaciones en los valles al retener el agua que baja por las laderas.

Cuando el arroz está crecido, los andenes adquieren un color verde intenso. En la estación seca (otoño) se realiza la cosecha manual del arroz. Las mujeres cortan las hierbas con sus hoces y las colocan en sus espaldas. Los hombres trillan el arroz. Los más viejos atan en haces las pajas que, una vez secas, servirán para encender el fuego, alimentar a los animales y cubrir el tejado de las casas.

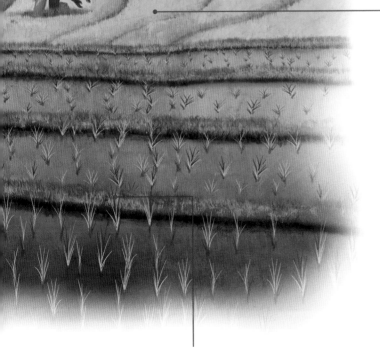

Andenes antiguos con valor cultural y turístico

Gran parte de los andenes de cultivo son obras realizadas hace siglos. Y si bien hoy no tienen la misma importancia como zonas productivas, en algunos lugares se han transformado en un atractivo turístico. Es el caso de los andenes de los valles andinos o los del archipiélago de Filipinas. Las terrazas arroceras de las montañas de este último país tienen más de 2000 años y fueron declaradas Patrimonio de la Humanidad por la Unesco en 1995.

Cuando llega la estación húmeda (verano), los campesinos plantan el arroz en terrenos inundados. Durante el crecimiento del cereal se controla el nivel del agua que las plantas necesitan para desarrollarse.

¿**Qué** es la deforestación?

Entre los problemas ambientales más graves se encuentra el de la deforestación, porque disminuye la superficie de bosques nativos y altera los ecosistemas. Se estima que, en el mundo, se pierden 13 millones de hectáreas (32 mill. acre) al año de bosques nativos, especialmente en las selvas de la cuenca del río Amazonas, del río Congo y del sudeste de Asia. Si no paramos este proceso, en la segunda mitad del siglo XXI las selvas habrán desaparecido.

Una de las formas de deforestación más polémicas es la de la tala de bosques nativos para plantar especies arbóreas de fácil crecimiento que se utilizan en la industria del papel.

En los últimos 50 años la tala continua ha reducido en gran medida la superficie cubierta por los bosques nativos aproximadamente en 40 millones de km^2 (15 mill. mi^2). Los bosques cubren en la actualidad casi 4000 millones de hectáreas (7,250 mill. acre), un 30% de la superficie de los continentes.

¿Toda tala es deforestación?

Los bosques brindan recursos muy importantes para la población. El abastecimiento mundial de madera depende en un 90% de los bosques nativos. La tala es la actividad mediante la cual se extraen los árboles del bosque que se destinarán a diferentes usos. Esta tala puede ser *selectiva*, que derriba solo determinados árboles y con posibilidades de regeneramiento, o *masiva*, que arrasa con todo un sector del bosque aunque este incluya muchos árboles que no tengan un objetivo de uso inmediato. Esta forma de explotación forestal, sin control, produce deforestación porque reduce sustancialmente la superficie de bosques, de difícil renovación en el corto y medio plazo.

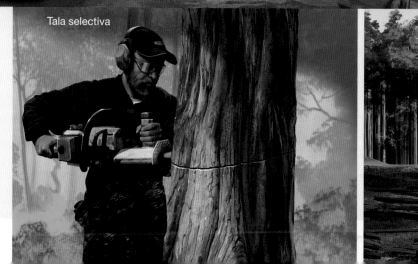

Tala selectiva

Cuando el bosque desaparece por la deforestación, disminuye o se pierde la biodiversidad que genera como bioma. También se reducen los efectos beneficiosos en el medio ambiente, especialmente en su función de emisor de oxígeno y protector de suelos.

La deforestación puede generar problemas sociales, ya que afecta a millones de personas que viven en los bosques y obtienen recursos de ellos, como los campesinos y pueblos indígenas.

Los procesos de deforestación tienen características particulares según las distintas regiones del planeta. Por ejemplo, en América Latina se produce por el avance de la agricultura y la ganadería; en el sudeste de Asia, por la obtención de maderas y las plantaciones para obtener aceite de palma; en África, por el pastoreo excesivo en las zonas forestales secas, la agricultura y la actividad forestal en las selvas, y en Europa, por la obtención de pasta de papel, la urbanización y la construcción de infraestructuras.

Tala masiva

El deterioro de suelos desmontados

Cuando el suelo ha quedado sin cobertura vegetal, como consecuencia de la tala masiva, queda sometido a las inclemencias de los agentes atmosféricos y la acción de los torrentes. Pierde la materia orgánica y su consistencia, y puede transformarse en un desierto. El agua arrastra las partículas de suelo hasta los arroyos y ríos. El viento pule, talla y arrastra las partículas de suelo y de roca.

Los bosques implantados pueden compensar pérdidas

Así como se produce la deforestación de bosques nativos, paralelamente crece la forestación o el cultivo de árboles para la formación de bosques. Esto ha permitido que los países desarrollados mantengan las superficies forestales o las aumenten. Pero el porcentaje de bosques implantados es aún muy reducido a nivel mundial (alrededor del 4% de los bosques).

¿A **qué** se llama desierto florido?

En los desiertos muy secos, poco después de que se produzcan lluvias excepcionales, aparece un manto de flores silvestres que cubre lo que horas antes era un páramo. Este fenómeno se conoce con el nombre de desierto florido.

Esta imagen representa una situación excepcional en un desierto extremo: una tormenta que provoca abundantes lluvias después de años de sequía. No se puede saber con certeza cuándo se producirán fenómenos de este tipo, ya que responden a un proceso climático especial.

Algunos desiertos del mundo presentan condiciones extremas: escasez de lluvias –por ejemplo, menos de 500 mm (19 in) anuales–, una alta evaporación que no permite que el agua de lluvia quede retenida en el suelo y ausencia total de precipitaciones en algunos períodos. Como consecuencia de esto, las rocas y el suelo sin vegetación ofrecen un paisaje invariable y monótono.

El paisaje del desierto ha cambiado: las rocas y el suelo ya no están desnudos, sino cubiertos por distintos colores que indican presencia de vegetación. Se ha producido el fenómeno del desierto florido como consecuencia de un aguacero excepcional.

Aunque se realice un riego constante, es muy difícil conseguir que se produzca el fenómeno de desierto florido. Esto se debe a que las semillas están preparadas para germinar solo cuando la temperatura ambiente y la cantidad de agua se combinan de una manera determinada.

El fenómeno del desierto florido se produce en muchos desiertos, como en el del Sáhara y en el de Atacama. El que se desarrolla en Atacama se considera uno de los más bellos del mundo por la variedad y el atractivo de sus flores.

La cubierta de las semillas tiene una sustancia que impide la germinación durante el período seco. Para que la semilla germine, esa sustancia debe desaparecer por lavado, es decir, tiene que caer suficiente lluvia para que la sustancia química inhibidora desaparezca.

En los desiertos puede llover sin que el suelo se moje. Esto ocurre porque, aunque haya truenos, relámpagos y nubes grises, el aire caliente y seco evapora las lluvias antes de que lleguen al suelo.

El fenómeno de «El Niño»

Consiste en una alteración en la intensidad y dirección de los vientos permanentes del océano Pacífico Sur que se produce cada dos a siete años. Esto provoca un aumento de la temperatura del océano, lo que a su vez incrementa la evaporación y la posibilidad de mayores precipitaciones en América del Sur.

El desierto de Atacama

Este desierto se encuentra al norte de Chile y es considerado el más seco del mundo: de día la temperatura es muy elevada, puede alcanzar hasta 45 °C (113 °F), y de noche baja hasta –10 °C (14 °F). En gran parte del área llueve una vez cada 15 años y en algunas regiones de su interior jamás ha caído una sola gota de agua. A pesar de estas condiciones extremas, el desierto de Atacama presenta uno de los fenómenos de desierto florido más espectaculares del mundo. Entre las flores que tapizan el suelo desnudo se destacan la añañuca, la pata de guanaco y los suspiros del campo.

Añañuca

El desierto florido aparece cuando la lluvia permite que pequeñas semillas y bulbos, que se han mantenido en vida latente enterrados en el desierto durante años, germinen y crezcan dando vida a plantas con flores multicolores. Estas condiciones suelen presentarse durante las lluvias de verano o de invierno.

Pata de guanaco

Suspiros del campo

¿**Qué** animales
viven en los bosques?

La fauna del bosque es abundante y variada: hay herbívoros, como ciervos y jabalíes; carnívoros, como zorros y linces; reptiles, batracios, roedores excavadores, insectos y gusanos que remueven el humus. En general presentan diversas formas de adaptación a los cambios estacionales.

Los animales típicos del bosque de coníferas son el oso pardo, que es carnívoro y herbívoro, el lobo, el zorro, la marta, el visón y el ciervo. El reno o alce, de la familia de los cérvidos, es la especie de mayor tamaño y se alimenta de hojas de ramas tiernas y de tallos de coníferas.

Marta,
bosque de coníferas

Oso pardo,
bosque de coníferas

Reno,
bosque de coníferas

Zorro,
bosque mixto

Adaptaciones estacionales

Los animales se adaptan a ciertas condiciones del invierno menos favorables para la vida, como el descenso de la temperatura y la menor cantidad de alimento disponible en el bosque. Por ejemplo, el plumaje de las aves aumenta y la piel de los mamíferos adquiere mayor grosor para contrarrestar las bajas temperaturas. Otras formas de adaptación permiten acceder a algunas reservas de alimentos. Es el caso de las ardillas, que tienen dientes grandes con los que pueden romper frutos resistentes, como las piñas, las nueces y las bellotas. Algunos animales, como los murciélagos y numerosas aves, suelen migrar trasladándose hacia lugares más cálidos en el invierno. Otro tipo de adaptación es la hibernación, que consiste en el adormecimiento y la disminución de la actividad biológica durante el invierno, cuando hay menos comida. Hay una gran variedad de animales que hibernan, como insectos, arácnidos, reptiles o mamíferos como el oso.

En el bosque caducifolio la fauna es más variada que la de los bosques fríos. Pero también es la que más se ha reducido por la deforestación y la caza. La ardilla roja europea es característica del bosque caducifolio pero también se la encuentra en los bosques de coníferas. Además, en este tipo de bosques viven jabalíes, ciervos rojos, zorros, osos, comadrejas y otros mamíferos carniceros. A la orilla de los ríos vive la nutria. Entre las aves se destaca la paloma torcaz y el gavilán, que acecha desde gran altura a los pájaros más pequeños.

En la zona templada de Europa se encuentran distintas aves, entre las que se destacan el herrerillo y el búho leonado, que tiene hábitos nocturnos. En el bosque mixto también habitan el ciervo rojo, que es básicamente herbívoro; el zorro, que vive en las profundidades del bosque pero también merodea por las orillas y en las zonas agrícolas.

Gavilán,
bosque caducifolio

Herrerillo,
bosque mixto

Ardilla,
bosque caducifolio

Ciervo rojo,
bosque mixto

Jabalí,
bosque caducifolio

Comadreja,
bosque caducifolio

¿**Qué** es un área protegida?

E s un sector delimitado dentro del territorio de un país que abarca biomas, relieves, fuentes de agua, formaciones de origen natural o construcciones de tipo histórico que se preservan porque son considerados de interés para la población. Las áreas protegidas reciben distintos nombres de acuerdo con sus fines. Las más conocidas y extendidas son los parques nacionales. Otras, como las denominadas reservas estrictas, tienen un uso controlado, principalmente para la investigación.

El Parque Nacional del Manu, en Perú, fue creado en 1973 para proteger la gran diversidad de la selva amazónica, que se extiende desde los 200 m (656 ft) a más de 4000 m (13,100 ft) de altura. Es el área de selva protegida más extensa del planeta (1,532,806 hectáreas [3,700,000 acre]). Se protegen más de 800 especies de aves, 200 especies de mamíferos (entre los que se encuentran más de 100 especies de murciélagos), 120 especies de peces y numerosos reptiles, insectos y otros invertebrados que sobrepasan el millón de especies. El parque nacional fue reconocido como Patrimonio Natural de la Humanidad en 1987.

En el desierto occidental de Egipto se encuentra el Área Protegida de Wadi El-Rayan y también Wadi El-Hitan (el Valle de las Ballenas), zona que en 2005 fue designada Patrimonio de la Humanidad en reconocimiento a los esqueletos de ballenas de 40 millones de años de antigüedad y otras especies que allí se han encontrado.

La primera área protegida

El primer antecedente de un área protegida en la historia moderna se produce en 1864 cuando el presidente de los Estados Unidos, Abraham Lincoln, concedió 3079 km^2 (1,188 mi^2) del valle de Yosemite al estado de California, con el fin de preservar el área para uso público. En 1872 se creó el Parque Nacional Yellowstone, considerado el primero de ese tipo en la historia moderna. A partir de entonces surgieron otros parques nacionales y otras áreas protegidas, tanto en los Estados Unidos como en el resto del mundo. En la actualidad se registran más de 100 000 áreas protegidas que abarcan una superficie de 18,8 millones de km^2 (7,200 mill. mi^2), de los cuales 17 millones (6,500 mill. mi^2) pertenecen a áreas protegidas terrestres y equivalen al 11,5% de la superficie de las tierras del planeta. Esto quiere decir que las áreas protegidas cubren ahora una superficie mayor que las tierras aptas para la agricultura que se cultivan en forma permanente.

El Parque Nacional Yellowstone se encuentra ubicado en la zona central de las montañas Rocosas, y abarca el noroeste de Wyoming, suroeste de Montana y el este de Idaho, en Estados Unidos. Tiene una superficie de unos 8983 km^2 (3,400 mi^2). Presenta una importante actividad geotérmica; hay 3000 géiseres y fuentes termales. Por este motivo se lo considera el lugar con mayor concentración de fenómenos geotérmicos del mundo. Otro de sus atractivos es el Gran Cañón de Yellowstone.

El Parque Nacional de Los Picos de Europa está ubicado en España, en la cordillera Cantábrica. En el sector occidental abarca el primer Parque Nacional de España, el de la Montaña de Covadonga, establecido en 1918 por el rey Alfonso XIII. El relieve formado por picos, valles y gargantas es el resultado de unos 300 millones de años en los que se produjeron plegamientos y glaciaciones. También destacan las formas modeladas en las rocas debido a la acción de los ríos.

Géiser: emisión de vapor y agua caliente que alcanza gran altura.

El Parque Provincial Ischigualasto, entre las provincias argentinas de San Juan y La Rioja, es conocido también con el nombre de *Valle de la Luna* debido a las formas que han adquirido los relieves por la erosión. En él se han encontrado fósiles de plantas, dinosaurios y mamíferos del Triásico.

Parques naturales de España

En España existen trece zonas declaradas «parque natural». Son las siguientes: Islas Atlánticas (en la zona marítimo-terrestre situada entre las provincias gallegas de A Coruña y Pontevedra), Picos de Europa (entre las comunidades autónomas de Cantabria, Asturias y Castilla y León), Ordesa y Monte Perdido (en el norte de la provincia de Huesca), Aigüestortes i Estany de Sant Maurici (en la provincia catalana de Lleida, en el Pirineo Oriental), Cabañeros (en Castilla-La Mancha, entre las provincias de Ciudad Real y Toledo), Tablas de Daimiel (en Castilla-La Mancha, provincia de Ciudad Real), Archipiélago de Cabrera (en Islas Baleares), Doñana (en Andalucía, entre las provincias de Sevilla, Huelva y Cádiz), Sierra Nevada (en la provincia andaluza de Granada), Caldera de Taburiente (en la isla canaria de La Palma), Garajonay (en la isla canaria de La Gomera), El Teide (en la isla canaria de Tenerife) y Timanfaya (en la isla canaria de Lanzarote).

«Students establish a base of knowledge across a wide range of subject matter by engaging with works of quality and substance.»

*–Common Core State Standards
for English Language Arts & Literacy in History/
Social Studies, Science, and Technical Subjects,* p. 7

A great addition to a CCSS-oriented collection

Common-Core
Quality & Substance

www.CommonCore.SantillanaUSA.com

8/14 ① 7/14

4/18 ④ 4/17.